认工程车

童 心 编著

化学工业出版社
·北京·

图书在版编目(CIP)数据

童眼识天下. 认工程车/童心编著. —北京:化学工业出版社,2018.6(2024.7重印)
ISBN 978-7-122-31973-9

Ⅰ.①童… Ⅱ.①童… Ⅲ.①常识课-学前教育-教学参考资料 Ⅳ.①G613

中国版本图书馆CIP数据核字(2018)第077805号

责任编辑:刘亚琦 丁尚林 美术编辑:尹琳琳
责任校对:王素芹

出版发行:化学工业出版社(北京市东城区青年湖南街13号 邮政编码100011)
印 装:北京宝隆世纪印刷有限公司
889mm×1194mm 1/24 印张4 2024年7月北京第1版第7次印刷
购书咨询:010-64518888 售后服务:010-64518899
网 址:http://www.cip.com.cn

凡购买本书,如有缺损质量问题,本社销售中心负责调换。

定 价:22.80元

目录

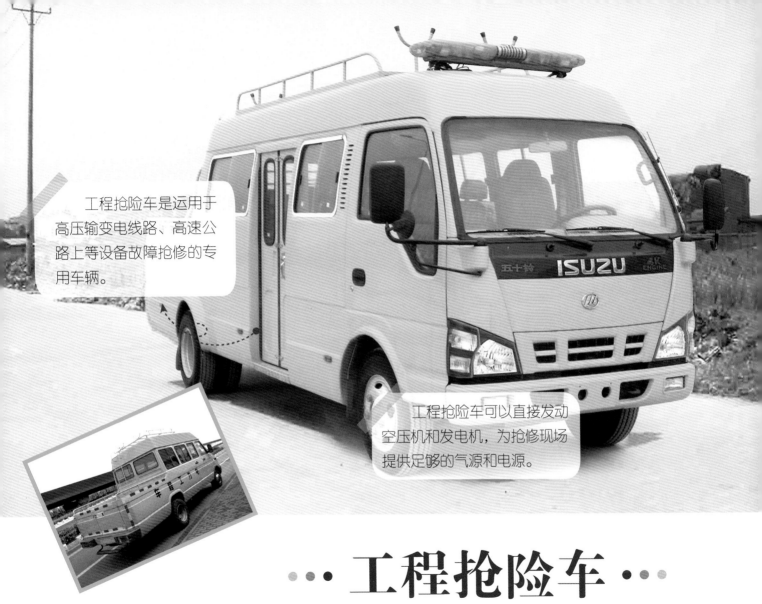

工程抢险车是运用于高压输变电线路、高速公路上等设备故障抢修的专用车辆。

工程抢险车可以直接发动空压机和发电机，为抢修现场提供足够的气源和电源。

···工程抢险车···

工程抢险车广泛应用于煤矿、石油、化工、天然气以及供水供电等管道的检测与抢修工作。它可以搭载检修人员、装载工机具和施工材料。

压路机主要分为钢轮式和轮胎式两种。图中为钢轮式压路机。

压路机首先会压实地上的一些碎石或小砾石，然后碾压铺在路面表层上的沥青。

…压路机…

我们在建造或修整公路、铁路、机场跑道以及大坝的场景中，经常会看到一种特别的工程车辆，那就是压路机。压路机广泛应用于大型工程项目的填方压实作业。

压路机广泛适用于各种压实作业，使被碾压层永久变形。

压路机有装有刮板的前、后两个碾轮用于压实路面，而刮板则用来清除碾轮上的黏结物。

为了增大对地面的作用力，碾轮内还可以加装铁、沙石以及水等物质，以增加碾轮本身的重量。

··平地机··

平地机主要用来平整地面，它可以构筑路基和路面、修筑边坡、开挖边沟以及搅拌路面混合料、推送散粒物料等。此外，平地机还可以进行路面的养护工作。

平地机的刮刀能升降、回转和外伸，它可以帮助驾驶员更加方便和高效地完成工作。

平地机的前后轮轴之间装有一把非常锋利的刮刀，它可以将凹凸不平的松软地面刮得十分平整。

平地机具有动作灵活准确、操纵方便以及平整场地有较高的精度等特点。

用途广泛的平地机不仅可以用来平整路面、推送散粒物料，它还可用来开荒和平整农田等。此外，人们还会用它来清除冬天的积雪。

无论严寒酷暑，当工作需要时，驾驶员都要坐在驾驶室内操控着平地机认真、细心地作业。由于没有减震弹簧，也没有橡胶轮胎，所以坐在平地机上十分颠簸，一点儿也不轻松。

混凝土搅拌车

混凝土搅拌车是专门运送、搅拌建筑混凝土的卡车，它装有用来运载混凝土的圆筒形搅拌筒。在运输的过程中，搅拌筒会一直转动，这样所运载的混凝土才不会凝固。

由于混凝土搅拌车拥有酷似田螺的外形，所以人们又叫它"田螺车"。

搅拌车的进出料口是密封的，这能解决水分蒸发、砂浆分层、混凝土撒落、行车安全等系列问题。

搅拌筒内部焊有特殊形状的螺旋叶片，它是搅拌装置中的重要部件。如果叶片被损坏会使混凝土搅拌得不均匀。

gu wei xiao zhi shi

趣味小知识

由于装在搅拌筒内的混凝土对钢材和油漆有腐蚀性，同时，混凝土在短期内很容易凝结成硬块并占用搅拌筒内的空间，所以每次使用完混凝土搅拌车时，都应该认真将其清洗干净。

7

混凝土泵车

混凝土泵车是专门输送建筑混凝土的工程车辆。在工作时，混凝土泵车会利用压力将混凝土沿管道连续输送到指定的位置。

混凝土泵车有一个像"手臂"一样可以伸缩的臂架，利用长长的臂架和输送管，它可以把混凝土输送到一定的距离和高度。

一般情况下，混凝土泵车应支承在坚实的水平地面上。当它支承在坑、坡附近时，应保留足够的安全间距。

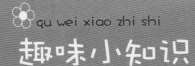
目前，世界上最长的泵车是由我国湖南长沙三一重工集团生产的，它的臂架展开高度达101米，它能将混凝土输送到30层楼高的建筑上。

在雷雨、暴雪以及刮风等恶劣天气下，泵车是不能使用的，因为它长长的臂架很可能会被损坏。

掘进机

掘进机是一种用来挖掘地下通道的机器，在一些大型修筑工程里，我们会看到它。拥有大个头和特别外形的掘进机主要由行走机构、工作机构、装运机构和转载机构组成。

掘进机之所以能够轻松开凿土壤和岩石，是因为它拥有锋利的切割头。

趣味小知识

掘进机是一种技术先进、工作效率高、使用起来安全的机器，但是它的耗损却很大。此外，结构比较复杂的掘进机价格非常昂贵，制造或购买一台掘进机，一般需要上亿元人民币。

切割头上有很多像图中一样非常坚硬的截齿，它们被牢固地安装在切割头的齿座上。

凿岩机

每当人们开采石料时，都会在坚硬的岩石上钻凿出又深又圆的炮眼，然后在炮眼里装上炸药，将岩石炸开，从而完成开采石料的工作。钻凿炮眼的机器叫作凿岩机，它是开采石料的首选机械。

凿岩机不仅可以用来开采石料，还可以用来破碎坚硬的混凝土等物质。

在钻凿过程中，如果听到不正常声音时，应立即停机检查，找出原因并解除后，才能继续钻凿。

常见的凿岩机一般有风动凿岩机、内燃凿岩机、电动凿岩机和液压凿岩机等。

qu wei xiao zhi shi

趣味小知识

在凿岩机工作之前，工作人员会仔细检查各部件的完整性和转动情况，比如水路是否通畅、各连接接头是否牢固等。同时，工作人员在工作面附近还应该仔细检查有没有活石、松石，并进行必要的处理，这样可以确保工作的安全性。

13

铲运机

铲运机是一种操作灵活而且工作效率特别高的机械，它可以独立完成挖土、运土、卸土、填筑、整平地面五道工序的工作。

在工作前，驾驶员会将铲运机的各部位仔细检查一遍，比如检查刹车油、轮胎气压是否足够，以及轮圈是否松动等一些常见的问题。

在铲运机工作前，工作人员要检查铲运机各部件是否完好，并检查路面的平整情况等，如果发现问题要及时处理。

前后车轮的轮胎面上分别有深深的防滑沟槽，它可以增大轮胎与地面的摩擦力，使铲运机可以更加安全、稳定地工作。

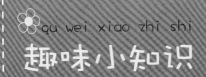

qu wei xiao zhi shi

趣味小知识

铲运机已有上百年的历史。早在18世纪，人们已经开始使用马拖拉器械的马拉式铲运机。此后，人们又制造出了轮式全金属铲运机、用拖拉机牵引的专用铲运机、自行式铲运机、双发动机铲运机……铲运机的发展史真是既丰富又漫长。

按行走方式的不同，铲运机可分为拖式和自行式；按操作系统的不同，铲运机又可分为液压式和索式。

15

个头巨大、结构复杂的盾构机价格非常昂贵，购买一台盾构机一般需要几千万元人民币。

···盾构机···

盾构机又叫盾构隧道挖掘机，它是一种专门用来挖掘隧道的工程机械。盾构机的外形是一个庞大的圆柱体，前端有刀头。目前，盾构机广泛应用于公路、铁路、地铁、水电等隧道工程。

盾构机根据适用土质及工作方式的不同主要分为压缩空气式盾构机、泥水式盾构机、土压平衡式盾构机等多种类型。

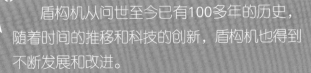

盾构机从问世至今已有100多年的历史，随着时间的推移和科技的创新，盾构机也得到不断发展和改进。

盾构机的圆柱体壳体叫护盾，它既能承受住周围土层的压力，又能将地下水挡在外面。所有挖掘工作都要在护盾的掩护下才能进行。

吊车

吊车又叫起重机，是一种做循环、间歇运动的机械，它广泛用于港口、工地等场所，进行起重、抢险、救援等工作。

吊车包括履带吊、轮胎吊、汽车吊以及塔吊等。

18

吊车有一个长长的"手臂"，它的力气非常大，可以轻松地把成吨的货物运送到目的地。

吊车的发明为人们的工作带来了极大的便利，它能够轻松地将沉重而繁多的物体从一地点转运到另一地点。

gu wei xiao zhi shi
趣味小知识

吊车的工作流程非常有意思。首先，吊车会使用"长手臂"从取物地把物品高高地提起来；然后水平移动到指定地点，将物品慢慢放下；最后"长手臂"返回原位，准备进行下一次工作。

19

··汽车吊··

汽车吊是吊车的一种。它是装在普通或特制汽车底盘上的一种吊车，汽车吊的驾驶室与起重操纵室是分开的。

汽车吊具有机动性好和转移迅速的特点，但是它在工作时需支腿，不能负荷行驶。

工作效率高、油耗小以及适度的噪声，使得方便实用的汽车吊成为人们主要使用的吊车。

汽车吊起重量的范围很大，轻至8吨，重至1000吨。目前，汽车吊是产量最大、使用最广泛的起重机类型之一。

与普通汽车相同的底盘性能，符合公路车辆技术要求的汽车吊可以在各类公路上通行无阻。

当指挥信号不明确时，汽车吊是不能盲目工作的，而是要暂停下来，等信号明确后再继续工作。

21

轮胎吊由回转支承连接的上车和下车两部分组成。上车为起重作业部分，下车为支承和行走部分。

与汽车吊相比，轮胎吊具有轮距较宽、稳定性好、可在360°范围内工作等优点。

轮胎吊

轮胎吊是吊车的一种。它是利用轮胎式底盘行走的动臂旋转吊车。轮胎吊看上去与汽车吊极为相似，但是它们的底盘、车身、轮距、支脚以及驾驶室都有所差别。

当捆绑、吊挂的物体不平衡或不牢固时，吊车是不能工作的，因为这样有可能使物体被运送到空中时脱离吊钩。

轮胎吊的行驶速度比汽车吊的速度慢，且不适于在松软泥泞的地面上工作。

轮胎吊在吊重时一般需放下支腿，以增大支承面，同时将机身调平，以保证自身稳定。

···履带吊···

履带吊又叫履带式起重机，它是由动力装置、工作机构以及动臂、转台、底盘等组成。履带吊起重量大，可以吊重行走，同时，它还具有较强的吊装能力。

起重臂上又大又尖的吊钩可以吊起人们工作时所需要的物体。

这辆履带吊正在工地上工作。

稳定性好、载重能力强、防滑性能好、对路面要求低等特点使履带吊成为人们工作时常用的工程车之一。

与汽车吊、轮胎吊相比，履带吊的灵活性比较差、行驶速度慢、耗油高。

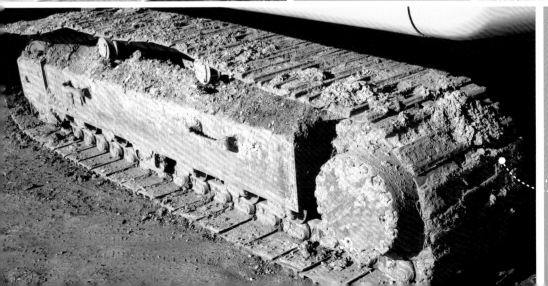

履带可以使履带吊有很强的稳定性和防滑性能，不过这却使它的行驶速度变得很慢。

塔吊

　　塔吊又叫塔式起重机，是建筑工地上非常常见的起重设备。塔吊主要用来吊钢筋、钢管、水泥、混凝土、木楞等施工的原材料。

　　塔吊是工地上不可缺少的设备，人们在执行高空作业时，几乎离不开它。

随着科技的创新，塔吊也不断发展着，人们在塔吊的生产效能、操作、运行和保养方面都进行了相应改进。

塔吊正在建筑楼房的工地上工作。

使用塔吊前，工作人员会仔细检查各结构部件，只有装备和部件齐全完好，塔吊才能开始工作。

叉车通常可以分为三大类：内燃叉车、电动叉车和仓储叉车。

··叉车··

叉车是指对货物进行装卸、堆垛和短距离运输作业的各种轮式车辆。目前，叉车是人们搬运货物常用的车辆之一。

叉车的基本作业功能包括水平搬运、堆垛、取货、装货、卸货和拣选。

叉车是托盘运输、集装箱运输中重要的设备之一。它在企业的物流系统中占据着不可替代的位置，是物料搬运的首选设备。

我们在车站、机场、货场、港口、工厂以及配送中心等地方都能看到叉车。

在车身前像叉子一样伸出来的部分叫作货叉，叉车就是利用货叉来搬运货物的。

仓储叉车

仓储叉车是叉车的一种，它是专门为搬运、拣选仓库内各种货物而设计的叉车。

坐在驾驶室内的驾驶员要操控货叉的高低来运载、装卸货物。

仓储叉车具有车体紧凑、移动灵活以及环保性能好等优点。目前，它在仓储业得到广泛应用。图中仓储叉车正在物流仓库内工作。

仓储叉车载重范围比较小，一般为1~3吨。

使用时间无限制的内燃叉车
体积大，稳定性好，适合重载，
人们一般利用它在室外作业。

内燃叉车的载重范围较
大，一般为0.5~45吨。

···内燃叉车···

　　内燃叉车一般是指利用燃料提供能量，由发动机提供动力来作业
的叉车。内燃叉车的燃料一般包括柴油、汽油以及液化石油气等。

近些年，由于电动叉车的耐用性、可靠性和适用性都得到了显著提高，电动叉车越来越受到各工厂的青睐。

···电动叉车···

电动叉车是叉车的一种，它主要依靠电来进行取货、装货、运货等作业。大多数电动叉车都是使用蓄电池工作的。

与内燃叉车相比，电动叉车具有节约能源、环境和噪声污染相对较小等优势，但电动叉车充电时间长、需要经常充电等问题会影响其工作效率。

由于叉车的驾驶室不能提升，其操作视野会受到一定的限制，所以它的提升高度一般在6米以下。

当电动叉车停止工作或运行时间较长时，应该将电池的负极电线拆卸下来，这样可避免发生漏电事故。

装载机

装载机广泛用于矿山、铁路、公路、建筑、港口、水电等建设工程中，它具有机动性好、操作轻便、作业速度快、效率高等特点。

装载机具有较好的性能，目前已经成为工程建设中必不可少的主要机种之一。

铲斗主要用来铲挖和运载泥土、沙石、煤炭以及石灰等各种散状物料。

司机可以通过后视镜观察装载机后方的情况，以方便铲挖、装载作业。

装载机的铲挖、运载等工作都需要坐在驾驶室内的驾驶员来操作，驾驶员有时需要坐在驾驶室内工作几个小时甚至十几个小时以上。

拖拉机

拖拉机是生活中最常见的工程车辆之一，我们在农场、建筑工地、煤矿、工厂以及港口等地方经常会看见它。

拖拉机分为轮式和履带式两种。轮式拖拉机行驶速度快，而履带式拖拉机爬坡能力强。图中为轮式拖拉机。

当推土铲被装在拖拉机上时，拖拉机就成了可以推土、铲土的推土机。

拖拉机具有较强的牵引力、附着性和耐用性，这使得它非常适合承担一些工程任务。

人们经常会在拖拉机上安装一些工程工具。当拖拉机安装上工程工具以后，便成为名副其实的工程车辆。

拖拉机不仅在工程建筑方面被广泛应用，在农业和其他作业方面拖拉机也是人们的得力助手。

拉铲挖掘机

拉铲挖掘机具有复杂的构造和庞大的挖斗，它能挖掘较松软的土壤。拉铲挖掘机主要靠拉、拽挖斗进行工作，拉铲挖掘机在煤矿产业被广泛应用。

图中为拉铲挖掘机在挖掘泥土的场景。

拉铲挖掘机在工作时，主要利用惯力将铲斗甩出去，这样可以挖得比较远。

铁箱一样大的挖斗挖出泥土的容积相当于一辆卡车的装载量。

拉铲挖掘机适用于开挖大型基坑及水下挖土、填筑路基和修筑堤坝、沟渠和河床等。

斗轮挖掘机

斗轮挖掘机也叫轮斗挖掘机，它是动臂前端转轮上装有多个铲斗连续挖掘的多斗挖掘机。斗轮挖掘机主要用于大型建筑、水利工程、土方工程以及露天矿场中，它常与一些运输设备配套，组成连续作业线。

斗轮挖掘机是采、运、排连续开采作业中完成采掘工作的重要工程机械。

图中为斗轮挖掘机准备工作的场景。

斗轮挖掘机由斗轮机、转载机、连接桥三部分组成，它普遍应用于工业发达国家。

斗轮挖掘机具有生产能力强、生产效率高、挖掘力较大、操作简单、可挖掘较坚硬土壤、维修方便等优点。

巨大的斗轮上面有尖尖的铲斗，它们可以将任何沙石、煤炭、矿石铲碎和剥离。

多方向旋转的操作室可以使驾驶员更加方便、灵活、高效地工作。

挖掘机之所以能够轻易地挖出土壤和泥沙，是因为它有相应的装备，这些装备包括：多方向旋转的操作室、灵活的机械手臂以及像尖爪一样的大挖斗。

像尖爪一样的大挖斗主要用于挖掘土壤和泥沙。

挖掘机

挖掘机是工程建设中最主要的工程机械之一，清河床、开隧道、建楼房……都离不开它。挖掘机挖掘的物料主要包括土壤、煤、泥沙以及一些岩石等。

推土机

推土机是一种在拖拉机前面装有推土铲装置的筑路机械，它主要用于推土、平整建筑场地等。推土机能单独完成挖土、运土和卸土等工作。它具有操作灵活、转动方便、所需工作面小等特点。

推土机分履带式和轮式两种。图中为轮式推土机，与履带式推土机相比，它的行驶速度更快。

履带可以使履带式推土机有很大的牵引力和爬坡能力，不过却使它的行驶速度变得很慢。

推土刀是推土机的重要组成部分，它的位置和角度可以根据工作需要而进行调整。

推土刀在驾驶员的操作下，可以向前铲削并推送泥沙、石块及煤炭等。

伐木机伐下的树木经过伐木工人们的简单加工，就变成了用途广泛的木材。

··伐木机··

伐木机是用来砍伐树木的车辆，它可以砍伐落叶松、桦树、杨树等不同的树木。伐木机一般分为履带式和轮式两种，生活中比较常见的是履带式伐木机。

图中为伐木机正在工作的场景。

当伐木机工作时，其他闲散人员应该与伐木机保持一定距离，避免意外受伤。

为了使伐木机更加安全、稳定地工作，工作人员通常会在轮式伐木机车轮上安装防滑链，这样即使在大雨或大雪过后，也不用担心地面滑的问题了。

··抓木机··

抓木机是抓取木料的机器，一般的抓木机都是由液压挖掘机演变而成的。前端装有像"爪子"一样的抓木器是识别抓木机的主要特征之一。

46

抓木器的主要任务是将各种木材、芦苇、稻草等条状物料进行装卸和搬运。

趣味小知识

抓木机的外型看上去与挖掘机非常相似，但是它们是完全不同的两种车辆。抓木机与挖掘机的最大区别在于前端工作装置的不同。挖掘机的机械手臂一般较短，前端是挖斗，其主要是进行挖掘、装载作业；而抓木机的机械手臂俗称"抓料臂"，安装在抓料臂上的抓料器主要用来抓取木料等。

…开沟机…

开沟机是用于开挖下水道、沟壑、水渠等大型工程的工程车辆。开沟机可分为链式开沟机和轮盘式开沟机。

开沟机最主要的部分叫作开沟器，它的边缘非常锋利，开沟机就是通过开沟器进行作业的。

开沟机在工作时一般要低速缓行，这样开出的沟，上下沟深才能统一、左右宽度才能匀称。

开沟机开出的沟形壁陡、沟直，沟深和沟宽都是统一的，人工甚至挖掘机都无法开出如此完美的沟形。

49

破碎机

破碎机又叫碎石机，它是一种对各类石料进行破碎的粉碎机器。破碎机广泛应用于铁路、公路、矿山以及水利等各个方面。

破碎机既能减少人们的工作时间，减轻劳动强度，又提高了工作效率。

安装在长长臂架上的破碎锤可以破碎各类石料。

破碎机的维护保养是一项繁琐而又重要的工作，必须有专业人士经常进行检查、维修。

除了破碎固体水泥、混凝土以及沥青等物质外，破碎机还可以用来破碎较为坚硬的石块。

···油罐车···

油罐车是用来运输和储藏汽油、柴油、原油、植物油、润滑油以及煤焦油等各种油品的车辆。它的别称非常多，比如流动加油车、装油车、运油车、石油运输车……

根据外观的不同，油罐车可分为平头油罐车、尖头油罐车、轻型油罐车、小型油罐车、半挂油罐车等。

由于使用环境和用途的不同，油罐车具有多种功能，比如吸油、泵油、多种油分装、分放以及运输等。

用优质钢板制成的油罐的形状一般接近椭圆形或梯形，这样可以更加方便地存储和运输油类。

罐体外表一般涂有防锈漆和装饰漆，这样是为了防止油罐锈蚀。

qu wei xiao zhi shi

趣味小知识

当人们在油罐车附近进行装卸作业时，必然会与油罐车或者其他工作物接触，摩擦产生静电，这样极易形成静电放电现象，如果此时恰遇易燃易爆的油蒸气，就会发生爆炸事故。因此，操作人员必须穿戴防静电工作服、手套、鞋子，这样可以避免意外事故发生。

垃圾车

垃圾车是用于市政环卫运送垃圾的车辆。它除了运载生活垃圾外，还可以运输沙石、泥土、矿石、煤炭等。

垃圾车将垃圾运送到垃圾站或其他指定地点后，会将各种各样的垃圾全部倾倒出来。

垃圾车有多种类型，比如摆臂垃圾车、密封式垃圾车、对接式垃圾车、压缩式垃圾车、餐厨垃圾车以及其他垃圾车辆等。

垃圾车可以将装入的生活垃圾压缩并压碎，这大大缩小了垃圾的体积，可以提高垃圾收集、运输效率。

垃圾车具有维护方便、运行费用低、质量可靠以及故障率低等特点。

qu wei xiao zhi shi
趣味小知识

垃圾车不仅可以减轻环卫工人的工作强度，帮助他们及时清理城市垃圾，还可以将一些垃圾变废为宝，这既能缓解城市垃圾问题，还能美化市容，使我们的城市变得更加干净、美丽。

··· 除雪车 ···

除雪车是用来清除冰雪的工程车，它可以及时清除道路上、机场、车站附近的冰雪。目前，除雪车是比较理想的除雪工具。

像大铁铲一样的除雪铲在驾驶员的操控下，可以将路面上厚厚的积雪迅速铲除。

除雪车针对不同路面条件与气候条件可以选择不同类型的设备，使用起来高效、可靠。

在除雪车出现之前，人们只能用扫帚和铁铲来清扫地面上的积雪。除雪车的出现，节省了劳动力和时间，大大提高了人们清除积雪的工作效率。

除雪车轮胎面上深深的防滑沟槽使得它可以更加安全、稳定地进行除雪工作。

为了增加与雪地的摩擦力，更加安全地工作，人们通常会在除雪车的轮胎上镶钉或者安装防滑链等。

高空作业车是一种能够上下举升进行作业的工程车辆。它适用于建筑工地、车站、码头、商场、体育场馆、厂矿车间等大范围高空作业。

高空作业车的种类非常多，包括垂直升降式、自行式、剪叉式、折叠臂式以及伸缩臂式等高空作业车。

58

剪叉式高空作业车的剪叉机械结构使升降台升降稳定，宽大的作业平台、较高的承载能力使高空作业效率更高，安全得到保障。

多数高空作业车的工作台可以自由升降、水平延伸以及旋转，可以非常轻松地跨越障碍物到达工作位置，是目前比较理想的高空作业设备。

施工人员通常都站在高高的升降台上进行高空作业，所以高空作业车的升降台一定要结实、稳定，以确保人们的安全。

高空作业车具有移动方便、重量轻、架设速度快、专用性强、技术含量高、安全性高、差异化需求明显等特点。

桥梁检测车

桥梁检测车是一种用于流动检测、维修作业的桥梁专用车辆。装备有检测仪器的桥梁检测车可以为检测人员检测桥梁的过程中提供作业平台。

桥梁检测车能既安全又快速地让检测人员进行流动检测或维修桥梁，它可以随时移动位置，以确保检测员的工作效率。

桥梁检测车主要分为吊篮式和桁架式两种，图中为吊篮式桥梁检测车。

桥梁检测车在工作时不会影响交通，同时还可以在不收回臂架的情况下慢速行驶。

桥梁检测车在工作时，会将其长长的、弯曲的臂架深入到桥底进行检测。

摊铺机

摊铺机是一种应用于高速公路的施工设备，它主要负责高速公路基层上各种材料的摊铺作业。

摊铺机一般分为碎石摊铺机和沥青混凝土摊铺机。图中的摊铺机正在施行摊铺作业。

碎石摊铺机在工作时，会将碎石均匀而平整地摊铺在路基上。

摊铺机分履带式和轮胎式两种，它将沥青混合料或者小石子摊铺在道路基层上之后，还要进行压实和整平工作。

随着公路运输对公路路面强度、密实性、均匀性、安全性以及平整度等要求不断提高，摊铺机也越来越受到工程机械行业的青睐。

铣刨机

铣刨机是沥青路面养护施工机械的主要设备之一，它主要用于公路、机场、货场以及城镇道路表面上的开挖翻新工作。

铣刨机可以除掉路面被损坏的旧铺层，再铺设一个新面层，从而使路面变得平坦整洁。目前，这是一种比较经济的道路养护方法。

使用铣刨机铣削路面，可以快速有效地处理路面病害，使路面保持平整。

铣刨机具有操作方便灵活、施工工艺简单、工作效率高以及机动性能好等特点，广泛用于各种沥青道路和公路养护工程中。

随着经济和科技的发展，路面养护设备需要量大大增加，作为道路机械化养护必不可少的设备之一，铣刨机的市场会越来越大。

图中为挖掘装载机正在工作的场景。

挖掘装载机

挖掘装载机是一边装有挖掘机铲斗，另一边装有装载机铲斗的工程车辆。它的出现，大大提高了人们的工作效率。

大挖斗是挖掘装载机的主要工具。它不仅可以轻松挖掘泥土和沙石等物质，还能抬起这些重物。

因为挖掘装载机的两端能同时工作，因此人们称它为"两头忙"。

趣味小知识

与挖掘机、运载机等大型的单功能设备相比，挖掘装载机不仅结构紧凑、工作效率高，而且行动灵活，它能在各种建筑工地上四处移动，甚至可以在公路上行驶。

矿用车

矿用车是用于矿山施工作业的专用车辆。从外形上看，矿用车比我们常见的普通卡车更高、更大，同时它比一般卡车更耐用，载重也更大。

在阴雨天气里，矿用车虽然可以继续工作，但是车速会相应减慢，以避免发生意外。

趣味小知识

虽然矿用车看上去除了个头大一点之外，与普通自卸卡车似乎没有明显的差别，其实矿用车的设计理念与普通卡车完全不同。普通卡车主要用于公路运输，而矿用车是为满足矿山施工作业而设计的工程车辆，矿用车所用部件及结构是专门针对矿山作业环境而设计制造的。

矿用车一般可以运载几十吨煤炭、矿石等物质，以每小时约50千米的速度行驶。

全挂车

我们会在公路上看见车厢被挂在一辆货车后面行驶的车辆，那就是全挂车。本身无动力、独立承载的全挂车必须依靠其他车辆牵引才可以行驶在公路上。

全挂车所具有的板面高度低、装载量大等特点，使它成为广受欢迎的运输、运载工具。

采用充气式实心轮胎使全挂车爆胎的危险大大减少了。

全挂车与机车用挂钩相连接，它的荷载全部由自身承担。机车只需提供动力帮助挂车克服路面摩擦力。

全挂车主要由车身、车架、牵引装置、转向装置、行走系统、制动系统、信号系统等组成。

仓栅式半挂车

与全挂车不同，半挂车是车轴置于车辆重心后面，通过牵引销与半挂车头相连接的一种重型工程车辆。半挂车的种类非常多，包括自卸式、仓栅式、厢式……其中，仓栅式半挂车主要用来运输鲜活类货物，比如水果、蔬菜等。

仓栅式半挂车的栅栏结构设计合理、使用简单、拆卸方便，可以减少投资成本，创造利润价值，是货物运输的必备车辆之一。

仓栅式半挂车车架采用纵梁和横梁交叉组焊而成的框架结构。这种设计结构可以均衡车架的强度和韧性，使其承载能力更强。

在驾驶半挂车前，驾驶员应仔细检查半挂车的油箱、刹车、轮胎等每一个部位，这样可以确保车辆安全行驶，避免事故发生。

罐式半挂车

罐式半挂车是装有罐装容器的运货汽车，简单来说，它的载货部位为罐式结构。罐式半挂车一般用于运输液体、散装物料和散装水泥等。

罐式半挂车的装卸运输效率高，并且可以保证货品的质量。它既节约了包装材料，又节省了劳动力。

采用先进加工工艺制造而成的罐体改善了半挂车的装卸条件，并利于罐式半挂车的运输安全。

罐式半挂车技术先进、性能可靠，是运输气体、液体以及油类物质的必备车辆。

图中为一辆输送燃料的罐式半挂车。

翻斗车

翻斗车又叫自卸车，它是一种自行卸载货物的工程车辆。能够自动倾翻一定角度的车厢是辨别翻斗车与其他工程车辆最明显的特征。

翻斗车在生活中的适用范围非常广泛，它既可以用来装载农产品、矿石和煤炭，又可以运输各种垃圾和泥土。图中为翻斗车倾倒粮食的画面。

翻斗车车厢具备的自动倾翻特征不仅节省卸料时间和劳动力，而且还缩短了运输周期，提高生产效率的同时降低运输成本。

翻斗车经常与挖掘机、装载机和输送机等一些大型工程机械联合作业，进行装卸、运输等工作。

qu wei xiao zhi shi

趣味小知识

开着翻斗车的驾驶员到达目的地后，不可以猛踩刹车卸货。因为翻斗车的惯性很大，急刹车容易造成车架变形或者车厢、烧油泵、液压缸等部分的损坏，这会直接缩短车辆的使用寿命，严重时会出现翻车事故。

拖车由底盘、起重装置、托举牵引装置、液压系统、电控系统、车体与工具箱等部分组成。

···拖车···

拖车也叫道路清障车、事故救援车等，它经常用于高速公路、城市道路的清障作业。拖车具有起吊、拽拉、托举、牵引等多种功能。

qu wei xiao zhi shi

趣味小知识

拖车的发展历史比较久了。早在第一次世界大战时期拖车就已经出现，只不过当时的拖车是人们给前方做补给和支援用的，主要用来运送士兵所需要的军用物资。经过不断发展和改进，拖车的用途也变得越来越广泛。

采用拖车绳拖车时，人们通常会控制车距和车速，这样可以防止追尾。一般拖车绳的长度为7米左右，车速控制在每小时20千米以下。

人们一般习惯使用红、黄、蓝、荧光绿等颜色非常醒目的拖车，因为这样可以增强警示效果。

按照不同的功能，拖车可分为一拖二拖车、一拖一拖车、多功能清障拖车、平板拖车、全落地拖车等。

·卡车···

卡车就是载重汽车，它是用于运送货物和商品的车辆。卡车一般分为重型和轻型两种。重型卡车都是以柴油作为动力来源，一小部分轻型卡车使用汽油、石油气或天然气作为动力来源。

公路上行驶着各种各样的车辆，其中就有运送货物的卡车。这些卡车的主要任务是将货物运送到指定地点。如果没有卡车，商场便不能及时供应商品，工厂也不会有足够的原材料投入生产。

卡车由发动机、底盘、车身和电器系统四部分组成。

在未来重型卡车市场的发展中，牵引车和自卸车将是主力车型，载货车和厢式车市场占有率将逐步缩小。

对于驾驶员来说，除了每天检查卡车的轮胎、车门等部件外，还要经常更换卡车刹车皮。如果被磨损的刹车皮没有及时更换，那么车辆制动力会逐渐下降，这样不仅使刹车盘容易被磨坏，使车的维修费用增加，更重要的是会威胁到驾驶员的安全。

厢式货车的车厢一般分为后开门式、左右开门式、全封闭式、半封闭式等。图中的车厢为后开门式。

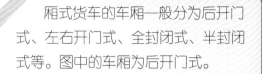

安全可靠、操作方便、机动灵活、运输量大、工作效率高等特点使厢式货车成为人们运送货物的首选车辆。

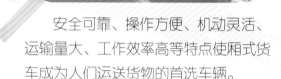

厢式货车

厢式货车也叫厢式车，它是货车的一种。拥有全密封式车厢的厢式货车主要用来运输商品、货物等物品。此外，一些比较危险的化学物品会由特殊种类的厢式货车运送。

驾驶室内的司机可以通过车窗边的后视镜察看货车后方的情况，以方便货车拐弯、刹车、倒车等。

即使在阴雨天气，防雨的密封车厢内的货物也不用担心被淋湿。

厢式货车可以运输各种各样的货物和商品，包括雪糕、啤酒等易融化和易破碎的货物。

集装箱车

集装箱车是一种用于运载货物的专用运输车辆，可以随意安装或卸下的集装箱是区别集装箱车与其他运输车辆的主要特征。

矩形的车厢可以装载大量各种各样的货物。

集装箱车将货物运送到指定地点后，会有其他专业机械将装有货物的集装箱从车架上取走。

由于整体结构以及制造材料的不同，即使同一规格集装箱的容积也会有所差异。

集装箱车在结构上大致分为：车头、车架、集装箱。

集装箱的尺寸是确定集装箱能否在船舶、底盘车、货车、铁路车辆之间进行换装的主要参数，它是各运输部门必须掌握的技术资料。

85

集装箱正面吊运机

集装箱正面吊运机是一种适用于货场、工厂、码头、车站等场所装卸集装箱的工业搬运车辆。它可以单独完成集装箱装卸、堆码和水平运输等作业。

集装箱正面吊运机长长的臂架具有较大的外伸距离和较高的起升高度。

除了集装箱正面吊运机外，集装箱搬运设备还包括门架移动式集装箱吊机、门式集装箱吊机、集装箱升降平台、集装箱装卸平台、集装箱翻转机等。

这辆集装箱正面吊运机轻松地将又大又重的集装箱吊了起来。

渣土车

渣土车又叫拉土车、运渣车，它是运送沙石等建筑材料的卡车。虽然渣土车存在着污染城市环境、易造成交通事故等问题，但是渣土车确实为建筑作业带来了方便。

一般常见的渣土车主要是大型的翻斗车、卡车等。

渣土车一般车型高大、驾驶室高，这使得司机在驾驶时存在很多视觉盲区，比如车的正前后方、汽车右前轮区域等。

司机可以通过后视镜观察渣土车后方的情况，以方便拐弯、倒车、刹车等。

由于存在内轮差，渣土车在转弯时容易发生事故。此外，渣土车还有污染城市环境、噪声影响居民生活等不足之处。

牵引车车头可以脱离原来的车厢而牵引其他车厢；同时，车厢也可以脱离原车头被其他车头所牵引。

·牵引车·

牵引车是由具有驱动能力的牵引车头和挂车两部分组成的，挂车一般被牵引车拖着行驶。简单来说，牵引车就是车头和车厢之间由特殊装置牵引而行驶、作业的车辆。

具有稳定性高、爬坡力强以及故障率低等特点的牵引车在建筑、农业、运输等各个行业被人们广泛应用。

连接车头和车身之间的特殊装置叫作牵引车鞍座，它是可以摆动的马蹄形的耐磨钢板。

···装甲工程车···

装甲工程车也叫战斗工程车，它主要负责清除和设置障碍、开辟道路、抢修军路、构筑掩体以及进行战场抢救等工作。因为有了装甲工程车的支援和保障，部队作战效果大大提高。

履带可以保证装甲工程车行驶、工作时稳定、安全。不过，它的行驶速度会变得很慢。

不同的装甲工程车有不同的功能，有的负责推土，有的负责运送士兵和军用物资，还有的负责急救抢险工作。